AF178627

Modernes Onlinemarketing

Thomas Wos

Modernes Onlinemarketing

Was Newbies und Kleinunternehmer wissen sollten

Eine Haftung von Seiten des Autors für Personen-, Sach- oder Vermögensschäden ist ausgeschlossen.

©Juli 2014 Thomas Wos www.wos-marketing.de. Alle Rechte vorbehalten. Keine unerlaubte Vervielfältigung oder Verbreitung. Verlag Social-Softwork
ISBN 978-3-906015-30-9. Lektorat: Uwe Daufenbach Herstellung: Social Softwork GmbH www.russland-buecher.ru

Über dieses Buch: Sie kommen aus der Betriebswirtschaft, aus dem Marketing oder dem Medienumfeld? Der tägliche Stau und das Regenwetter gehen Ihnen auf die Nerven? Internetagentur – online Marketing ist das Zauberwort und schon können Sie dort arbeiten, wo andere Urlaub machen. Zumindest so lange, wie Sie Internet haben!

Die obige Beschreibung trifft auf Sie nicht zu? Sie sind ein kleineres Unternehmen, das sein Onlinebusiness nach vorne bringen muss? Hier finden Sie die aktuellen Tipps und Tricks, damit Sie garantiert im Internet gefunden werden.

Wo lohnt sich Werbung und wo nicht? Wie funktioniert Suchmaschinenoptimierung, warum ist eine Facebook-Fanpage wichtig und wie baut man Sie auf`- diese und viele andere Tricks verraten wir Ihnen auf den folgenden Seiten.

Kurz und prägnant, das Wichtigste über Internetmarketing und ausführlichem Glossar.

Inhalt

Über den Autor: Thomas Wos wuchs in Karlsruhe auf und arbeitete zu Beginn seiner Karriere im Vertrieb eines amerikanischen Unternehmens. Nach dem Studium zum Volkswirt erinnerte er sich seiner Leidenschaft aus Teenagertagen, als er für eine Disco im Internet Werbung machte und ging ins Marketing. Seine Marketingagentur verkaufte Tausende von Werbeplätzen und beschäftigte 25 Mitarbeiter.

Heute arbeitet der Autor als freier Marketingberater für internationale Werbeagenturen, rund um den Globus. Sie können den Autor auf seiner Webseite persönlich treffen!

www.wos-marketing.de

Werbeindustrie im Wandel

Im alten Rom zogen Marktschreier durch die Gassen und boten Seide, Möbel und Sklavenmärkte an. Werbung nannte sich früher einfach „Reklame", was vom lateinischen „reclamare" kommt und nichts anderes als „laut rufen" bedeutet.

So ganz richtig ist diese historische Datierung nicht. Reklame betrieb vermutlich schon der Homo erectus vor 2 Millionen Jahren, wenn er seine Beute den Frauen seiner Sippe vor den Höhleneingang legte und sich auf die Brust klopfte. Alle Frauen konnten sehen, was er doch für ein toller Kerl war.

Der Buchdruck brachte 1650 mit der Leipziger Zeitung das erste Organ in deutscher Sprache auf den Markt, in dem Händler Anzeigen drucken konnten. Allerdings erst 1850, nachdem Zeitungen nicht mehr staatlich kontrolliert wurden, brach die goldene Ära der Zeitungsanzeigen an.

Der Begriff Marketing wurde ab 1905 an amerikanischen Universitäten eingeführt und mit dem Rundfunk, der Fotografie und letztlich dem Fernsehen wurden Marketingspezialisten zu gesuchten Leuten. Seit nun rund 20 Jahren ist das Internet öffentlich und für jeden zugänglich. In diesen 20 Jahren hat sich nicht nur die Werbeindustrie gewandelt, sondern alle 4 Jahre finden im Internet derartige Umwälzungen statt, die auch eine Neuausrichtung der Internetagenturen erfordern. Bei der Frage nach der Performance einer Webseite oder der SEO wandeln sich die Konzepte für die Algorithmen noch schneller. Eine größere Vielfalt der Endgeräte macht vor der Programmierung der Webseite nicht halt. Webseiten ohne CMS will heute keiner mehr und Traffic ist ein Muss.

Wer eine Internetagentur eröffnet sollte klassische Kenntnisse in Marketing mitbringen und sich fortlaufend weiterbilden. Was heute „in" ist, kann morgen schon ein alter Hut sein. Denken Sie nur an Second Life um 2005 oder XING, die einstige deutsche Businessplattform, die mittlerweile eine reine Werbeschleuder ist. Heute spielt das Internet bei Facebook und Google, morgen kann es ganz woanders sein.

Kenntnisse über PHP, xml und html sind sicherlich von Vorteil, zur Not können Sie sich aber

Programmierer durch Synergieeffekte mit ins Boot holen. Sie können Ihren Job zwar auf einer Palme sitzend machen, aber Sie brauchen Geduld, Durchhaltevermögen und vor allem Disziplin. Letztlich will man sich ja die Butter auf das Brot verdienen und ohne 8 oder 10 Stundentag, wird es mit dem Traum „Leben dort wo andere Urlaub machen und dabei gut leben" nichts. Kurz gesagt, Lebenskünstler müssen sich ranhalten.

Das Internet ohne Internetagentur - geht für Unternehmen selten gut

Natürlich gibt es Ausnahmen und Unternehmer, die wissen, wie sie selbst ihre Seite nach vorne bringen. Manch ein Firmeninhaber mag auch dieses Buch kaufen und sich Tipps holen, aber Seiten nach vorne zu bringen ist zeitintensiv und von vielen Faktoren abhängig, die sich ständig ändern.

Im Regelfall wird es so ablaufen, wie nachfolgend geschildert und das ist Ihr Kunde:
Da ist sie, die neue schicke Seite oder der neue Internetshop mit einem konkurrenzlosen Produkt. Nur leider findet die keiner so einfach mal! Der stolze Besitzer hat zwar schon etwas von Internetagenturen gehört, nur sind die teuer, also wird zuerst mal der Nachwuchs dran gesetzt. Der eröffnet ein Twitterkonto, eine Fanseite bei Facebook, aber irgendwie will Google die Seite noch immer nicht gut platzieren.

Natürlich hat der Neuunternehmer schon etwas von indischen Freelancern gehört, die sind auch viel billiger als die einheimischen Internetagenturen, also ausprobieren. Für 100 Euro gibt es hunderte von

Verlinkungen - nach zwei Monaten kann man die Seite gar nicht mehr finden.

Google schweigt. Dann halt mal AdWords, schnell versenkt man ein Budget von ein paar hundert Euros im Monat und die Seite wird außerhalb der Werberesultate, die jedes mal Geld kosten, noch immer nicht gut gefunden!

Jetzt, nach einem Leidensweg von über einem Jahr, findet der Kunde zu Ihnen und Ihrem Angebot. Bis hierhin hat der Kunde aber schon alle Fehler gemacht, die man nicht machen darf.

Den Kundentexten fehlt die Keyword-Relevanz, viele Texte sind einfach abgeschrieben und die Bilder im Netz zusammengeklaut. Keine Meta Description und keine Meta Titel, die Bilder sind ohne Tags. Dafür glänzt die Seite durch lange Keyword-Listen. Kein Google Analytics und die Seite wurde auch niemals auf ihre Performance untersucht. Selbstverständlich hat die Seite auch keine Sitemap.

Die Darstellung auf Smartphones ist unbrauchbar und die FB Fanpage hat 50 Fans. AdWords Reklame bei Google ist nicht nur teuer, schlimmer, sie hat überhaupt keinen Einfluss auf die Position einer Seite bei den Suchresultaten. Die Link-Farmen der indischen Freelancer haben dafür ihre Arbeit getan und die URL der Webseite ist von Google schon vor Monaten rausgeschmissen worden. Wobei es um die URL eigentlich nicht schade ist, denn diese hat überhaupt nichts mit dem angebotenen Produkt zu tun.

Kurz gesagt: Sie haben viel Arbeit vor sich und vor allem ist der Kunde ein Klassiker für jede Internetagentur. Solchen Kunden werden Ihnen im Laufe Ihrer Praxis immer wieder begegnen und vor allem der Kunde kommt erst zu Ihnen, wenn die Verzweiflung und der Leidensdruck groß genug ist – denn als Internetagentur, spezialisiert auf den deutsch-sprachigen Markt, können Sie keine Marketingaktionen für 100 Euro anbieten.

Dafür können Sie Handarbeit, Sachverstand und Geduld anbieten, dann wird es auch etwas mit dem Seitenranking Ihrer Kunden. Es gibt Tausende von Seiten für Dienstleistungen und von Webshops - keinem fallen diese Seiten auf, Sie werden es ändern!

Alles beginnt mit....

… einer Analyse der Kundenwebseite. Testen Sie die Webseite, zuerst technisch über die Google-Admintools und für die Gegenprobe über externe Tools (Links stehen am Ende des Buches). Web-Usability aus technischer Sicht ist eine Aufgabe, ohne die es nicht geht. Der nächste Schritt besteht darin, die Keywords für den Kunden ermitteln.

Jetzt geht es ans Eingemachte, sehen Sie sich die Texte an! Ist der Text gut, wird er trotzdem stichprobenartig auf Plagiate überprüft. Tun Sie es auch dann, wenn der Kunde schwört, die Texte seien einmalig.
Der Kunde kann einfach nicht wissen, ob seine Texte Plagiate sind. Es gibt tatsächlich Textsorten, die schwer als Unikate zu verfassen sind.

Nun kennen Sie den „Ist-Zustand" der Webseite. Verfassen Sie darüber einen schriftlichen Bericht. Führen Sie auf, welche Arbeiten für die Webseite gemacht werden müssen, damit das Seitenranking verbessert wird und was diese Arbeiten kosten.

Überzeugen Sie durch Sachverstand und geben Sie

dem Kunden Instrumente an die Hand wo er Ihre Aussagen selber auf den Wahrheitsgehalt überprüfen kann. Dies erzeugt Vertrauen. Bleiben Sie professionell, aber schreiben Sie für den Kunden verständlich.

Wenn Ihr Kunde kein Seiten-Tuning möchte, sondern nur einen Aufbau des Traffic oder mehr Kunden, analysieren Sie die Seite trotzdem, es hilft Ihnen bei der Arbeit. Werfen Sie auch einen Blick auf die URL! Im Idealfall steht dort das wichtigste Schlüsselwort Ihres Kunden. Wenn nein, versuchen Sie Ihren Kunden davon zu überzeugen die URL zu wechseln. Er tut dies zu seinem Besten und um möglichst schnell bei Google vorne zu stehen.

Welche Arbeiten können Sie ihm als Agentur empfehlen? Dass die Seite eventuell sauber und modern nach programmiert werden muss, ist klar – aber als Internetagentur haben Sie dem Kunden eine ganze Menge mehr zu bieten und dieses Mehr sind Ihre Hauptdienstleistungen.

Die Erstellung eines Marketingplans, der flexibel je nach Resultat angepasst werden kann, versteht sich dabei von selbst.

www.seitenreport.de - überprüfen Sie Ihre Webseite

Google Developer™-Entwicklerservice - Testen Sie Ihre Seite

Text, Bild und Video

Denn ohne Inhalte geht gar nichts. Allerdings sollte der Inhalt bestimmte Kriterien erfüllen, die weit über Keywords und deren Dichte hinausgehen.

Noch vor drei Jahren galt unter den Textgurus der Internetindustrie „eine Keyworddichte von 2 bis 5 Prozent als ein Muss". Mit der Änderung des Google-Algorithmus auf Hummingbird und dem Panda-Relaunch im Mai 2014 gehören diese Tricks endgültig in die Mottenkiste des Internets. Denn nun werden Texte nicht nur nach Keywords analysiert, sondern nach gesamter Relevanz und nach Plagiat.

Penguin straft Link-Farmen und Ähnliches ab. Hummingbird straft Duplicate Content ab und das Verlinken von Landing-Pages, die nichts mit dem eigentlichen Text zu tun haben. Gleichzeitig wurde der Payday Loan Update 2.0 durchgeführt. Dieser ist auf sog. „Blackhat SEO-Methoden" spezialisiert.

Er straft die Schlaumeier ab, die sich durch verschiedene nicht legale Methoden einen Vorteil im Google Ranking verschaffen wollten.
Zum Beispiel Blogfarmen, bei denen eine große

Anzahl Blogs zu angeblich unterschiedlichen Themen eröffnet werden und sich alle Blogs untereinander verknüpfen. Selbst wenn wirklich jeder einzelne Blog absolut 100 Prozent unterschiedlichen und unikalen Content aufweist, fliegt die Sache spätestens bei der Prüfung des Inhabers auf. Kurz gesagt, jeder Google-Relaunch ist nicht nur eine Verbesserung des Algorithmus, jede neue Version bringt der Internetindustrie und damit auch Ihnen neue Kunden. Für Text gilt nun, bei häufigen Themen besser auch tatsächlichen „unique content" auf Plagiate zu prüfen. Ein Text kann kein Plagiat sein, dennoch wurde das Thema schon so oft formuliert, dass es kein „unique content" darstellt. Wenn man bei der Plagiatsüberprüfung Spuren findet, sollte man den Text so lange umschreiben, bis er wirklich als plagiatsfrei anerkannt wird. Der Text sollte, wo immer möglich, Mehrwert für den Leser beinhalten. Nicht auf die Länge kommt es an, sondern auf den eigentlichen Inhalt. Texte mit Füllwörtern liefern kein besseres Ranking.

Shopbetreiber tun gut daran, ihre Produktbeschreibungen nicht einfach abzuschreiben! Für Shops gilt, was für jede andere Internetseite gilt: „unique content" ist gefragt. Also Produktbeschreibungen immer umschreiben lassen. Bilder sollten ein Tag besitzen, der Rückschluss auf das Bild bietet. Bilder mit einer Nummer werden bei Suchresultaten garantiert nicht gezeigt. Google saugt alle Bilder runter, zeigt sie in der Suche aber immer mit dem Link zur Webseite. Man sollte keine zusätzlichen Suchresultate verschenken.

Vorsicht beim Einbinden von YouTube, besser einen Link auf den eigenen YouTube Kanal legen. Denn Filmchen gehen immer zu Lasten der Performance einer Webseite.

Keyword-Schlangen können Sie sich schenken, wichtig sind aber die Elemente MetaTitel und MetaDescription. Auch hier gilt, doppelten Content vermeiden, mit etwas Kreativität ist dies nicht so schwer. Den Slug entwirft man auch besser selbst, sonst wird er unweigerlich aus dem Titel gebildet und der kann auch mal nicht passend sein. Slugs sind die Endungen für Beiträge, die an die URL gehängt werden.

Marketing ist Ihre Domäne, aber Sie können nicht schreiben? Kein Problem, es gibt Spezialisten für SEO Texte, holen Sie sich Texter ins Boot.

Google AdWords™-Werbeprogramm - Finden Sie die passenden Keywords

Google AdWords

Oder warum Google AdWords nicht wirklich die Lösung ist – so müsste man eigentlich dieses Kapitel bezeichnen.

Warum? Google AdWords ist unverhältnismäßig teuer und hat überhaupt keinen Einfluss auf die Position einer Webseite.

Natürlich wird die Reklame entsprechend den ausgesuchten Keywords gezeigt und je nach Preis an absoluter prominenter Stelle, aber die eigentliche Webseitenposition ändert sich dadurch nicht. Viele Werbekunden wissen es nicht.

AdWords arbeitet mit Remarketing. Bei Google erstellt man ein Tagschnipsel, welches in die Webseiten eingebaut wird. War jemand über Google AdWords schon auf der Webseite und hat seine Cookies nicht gelöscht, wird ihm nun mittels Retarget auf Partnerseiten von Google wieder Werbung des Unternehmens gezeigt.

Ganz ähnlich arbeiten auch Affiliateprogramme von Amazon und Co. Für Google bedeutet dies, der

Kunde bucht nicht nur Werbung für bestimmte Suchresultate, sondern auch die Partnerprogramme. Das sogenannte Google Display-Netz-werk freut sich, ob dies allerdings wirklich erfolgversprechend ist, werden wir im nächsten Kapitel sprechen.

Wenn schon SEM – dann mit Köpfchen

Ein Kunde will vor allem eines: Erfolg und seine Dienstleistung verkaufen. Wenn dabei die Kosten höher sind als der Erfolg, wird der Kunde nach zwei oder drei Monaten abspringen. Besteht ein Kunde auf SEM oder passt es gut zum Marketingmix, dann soll man SEM machen, aber mit Fachverstand.

Das Wichtigste zuerst, unbedingt ein Konto für die Profianwendung von Google Adwords einrichten. Wer ein neues Konto eröffnet, kann wählen zwischen Anfänger und Profi, mit fatalen Folgen. Anfänger können das Feintuning Ihrer Anzeigen nicht steuern.

Google kennt Suchanfragen und die Displaynetzwerke. Letztere sind weitestgehend passende Reklame auf themenrelevanten Seiten und dort direkt im Content eingebettet. Nun sollte man aber wissen, wer einen Artikel liest, nimmt Werbung anders wahr als jemand, der dezidiert ein bestimmtes Suchwort eingibt.

Wenn nun jemand einen Artikel liest und dabei die Werbung anklickt, treibt ihn eher Neugierde als wirkliches Interesse am Produkt. Wer gezielt nach einem Keyword sucht, der braucht auch tatsächlich das Produkt.

Das meint, wer kein Geld verbrennen möchte, sollte sich zumindest immer zu Beginn seiner Kampagne nur auf die Google Suche stützen. Nur über die Suche ist die Aufmerksamkeit und das ungeteilte Interesse des Kunden vorhanden. Klickraten und Conversionsraten können nur über die Suche optimal kontrolliert und Kampagnen angepasst werden.

Google schlägt vor, nicht nur beim eigentlichen Keyword die Anzeige anzuzeigen, sondern auch bei weitestgehend passenden, bei Wortgruppen oder, wenn bei einer Suche eines der Keywords auftaucht, unabhängig davon, was zusätzlich gefragt wird.

Weitestgehend passend ist das, was Google als weitestgehend erachtet und hier liegt das Problem. Google will Geld verdienen und dies bedeutet, dass Google diesen Begriff relativ großzügig auslegt. Nehmen wir an, der Kunde verkauft Kühlschränke und jemand sucht nach "Kühlschränke Test", so ist das Aufblenden der Werbung Geldverschwendung, außer der Kunde hat tatsächlich Testseiten als

Mehrwert auf seiner Webseite. Man sollte nur die Keywords akzeptieren, die man auch selber analysiert hat! Falsche Keywords oder unpassende Keywords führen nur zu einer Enttäuschung bei einem vermeintlichen Kunden.

Lasst Google nicht interpretieren!

Die Anzeigengruppenstruktur sollte aus Feintuning bestehen. Kühlschrank von Elektrolux und eine Suchanfrage für Testergebnisse von Kühlschränken der Marke Elektrolux sollten als AdWords getrennt werden.

Es ist eine sehr gute Idee, dem Kunden zu raten, kostenlosen Mehrwert durch Informationsinhalte für Kunden zu schaffen. Genau da liegt die Zukunft des Internets und auch für die SEO des Shops ist so etwas nur von Vorteil, aber dann sollten die SEM und die Landing-Pages dafür getrennt werden.

Warum? Weil der Kunde, der sich über Testergebnisse informieren will, noch keine Kaufentscheidung getroffen hat. Er möchte den Test lesen und sollte ihn auch angeboten bekommen und zwar ohne langes Suchen. Der Kunde, der die

Kaufentscheidung gefällt hat, interessiert sich dafür nicht für einen Content über Testergebnisse. Sie können jede beliebige Webseite des Kunden in AdWords Reklame einbinden, tun Sie es und liefern Sie damit Kunden auch das, was sie wirklich suchen.

Verwenden Sie ein Tracking für Ihren Kunden. Definieren Sie ein Ziel bei der Werbung und kontrollieren Sie es nach. Dabei geht es nicht nur um Conversion, sondern eine Zielhandlung, die durchgeführt werden muss.

Mit einer solchen Zielhandlung hat man die beste Kontrolle über das Werbebudget. Sie können also ein Tracking auf der Internetseite einbauen zum Ziel „Kauf im Shop" oder Anmeldung für einen Newsletter, Download einer Broschüre. Optimieren Sie Kundenanzeigen auf Ziele hin.

Kontrollieren Sie die Erfolge zusätzlich mit Google Analytics und der AdWords Statistik. Wenn Sie Google AdWords anbieten möchten, machen Sie unbedingt die kostenlose Onlineschulung von Google (Link im Anhang). Seit einem Jahr wird man als Einzelperson nicht mehr zertifiziert, macht nichts, Sie tun es ja für sich und Ihre Kunden.

Vergessen Sie nicht – machen Sie das Beste für Ihren Kunden, nicht für Google!

Facebook Werbung

Je nach Branche funktioniert Werbung über FB nicht nur besser als Google, sie ist auch deutlich billiger. Wie bei Google können Sie selbstverständlich direkt auf die Landing-Pages verlinken! Machen Sie keine bezahlte Werbung für die Fanseite – Fans lassen sich anders finden, sondern ausschließlich für die Internetseite des Kunden.

Den Tagessatz können Sie anfänglich sehr tief ansetzen. Beginnen Sie ruhig mit 2 Dollar im Tag. Grenzen Sie den geographischen Raum und das Alter, sowie die Sprache ein. Verfeinern Sie die Resultate schrittweise. Sie können auf Vorlieben eingrenzen, zum Beispiel nur auf Personen, die gerne kochen. Allerdings sollte man zu Beginn der Kampagne besser ohne Eingrenzung arbeiten. 2 Dollar ist letztlich kein großer Betrag.

Bei Google ist der Textschnipsel das Wichtigste für die Aufmerksamkeit, bei FB ist es die kleine Grafik plus ein wenig Text. Seien Sie kreativ beim Text – wichtig ist „Aufmerksamkeit erzeugen"!

Machen Sie Werbung mit Zahlung per Klick –

Zahlen pro Impressionen macht keinen Sinn. Sie wollen die Leute ja auf die Webseite des Kunden bringen. Impressionen sind nur sinnvoll, wenn das Ziel ein Markenbranding ist.

Dank FB Werbung schlagen Sie zwei Fliegen mit einer Klappe! Google reagiert auf möglichst viel Aufmerksamkeit durch Traffic von Sozialen Netzwerken. Facebook-Traffic verbessert, anders als Google AdWords, tatsächlich die Relevanz der Kundenseite. Denn Google stellt zwar das Ansteigen des Traffic über soziale Netzwerke fest, aber dass dahinter eine FB Werbung steht, wertet Google „zumindest noch nicht aus".

Versuchen Sie es anfänglich mit unterschiedlichen Fotos und Texten! Sehen Sie sich die Statistik an und werten diese aus.

Grundrauschen

Vergessen Sie niemals: Google weiß ganz genau, woher Ihr Traffic stammt und Google mag ein Grundrauschen! Lieber nur 3 Backlinks als SEO Müll. Denn Google wertet die Daten von Browser und IP aus.

Zu den Werkzeugen von Google gehören:

· Chrome
· Firefox
· Android (Tablets, Handys)
· Toolbars
· Google Analytics und weitere Spionteilchen wie Apps, Software für Zeiterfassung und und

Wer klassisches SEO von 2005 kennt, ist heute verloren. Die Verlinkung von Seiten im Footer einer Seite brachte früher für Programmierer und Designer gute Ranking-Ergebnisse, heute werden diese Links von Google nicht mehr beachtet.
Warum? Weil User Links in Footer nicht anklicken. Die Verlinkung von speziellen Admin und SEO-Seiten war früher auch beliebt, heute bringen diese Links nichts mehr! Warum? Weil ihnen die

Themenrelevanz zur Landing-Page fehlt oder es reine Artikelverzeichnisse sind, die selbst keinen eigenen Traffic generieren.

Guter Traffic lässt sich nicht simulieren! Zu gutem Traffic gehören Besucherströme von sozialen Netzwerken, von themenrelevanten Foren, Blogs und Ähnlichem. Dabei kann das SEO Ranking der Internetseite sogar tief sein, dennoch wird die Seite in den Suchresultaten prominent eingeblendet, einfach weil der Traffic passt.

Social Network

Holen Sie den Kunden dort ab, wo der Kunde sich aufhält. Ein Unternehmen für Schuhe braucht dabei ein anderes Marketing in sozialen Netzwerken als ein Finanzunternehmen, aber für alle lässt sich die richtige Kampagne entwerfen.

Neben der direkten Ansprache an die potentiellen Kunden gewinnt der Traffic und das Liken über soziale Netzwerke an Bedeutung für die Platzierung bei den Suchresultaten von Google. Nach dem letzten Algorithmusrelease im Mai 2014 werden direkte Zugriffe via Twitter und Co. auf die Webseite extra gewichtet.

Kaufen Sie keine Fans über Indien. Im Regelfall arbeiten die Inder mit Roboterprogrammen und nicht mit echten Fans oder echten Followern.

Es gibt Freelancer und Firmen die auf den Aufbau von Traffic spezialisiert sind. Zahlen Sie lieber viel mehr, bekommen aber echte Traffic, als Geld sparen und Google setzt dann Ihre Webseite auf eine Blacklist. Heute sperrt Google Webseiten die mit Linkfarmen und Robots künstlich Aktivität bezeugen. Echte Traffic über FB bedeutet für Google „Aktualität" der Seite. Dabei sind drei Dinge zu beachten:

- Auf der Landing-Page sollten regelmäßig neue Blog-Beiträge veröffentlicht werden.

- Diese News werden in den sozialen Netzwerken als Link verteilt, um Traffic auf die Internetseite zu erzeugen

- Diese News sollten von Dritten weiter verteilt werden.

Gerade für den dritten Punkt gibt es professionelle Instrumente, die wir in den folgenden Kapiteln näher erläutern werden.

Ein gepflegter Social Media Auftritt erleichtert neuen Unternehmen den Markteintritt und älteren, eingesessenen Unternehmen die Imagepflege.

Facebook-Fanseite

Eine Fanseite sollte für jedes Unternehmen ein „Muss" sein. Dabei ist darauf zu achten, dass hochwertiger Content auf der Webseite des Unternehmens steht und auf der Fanpage mit einem Textschnipsel, der direkt auf die Webseite verlinkt ist, die Neugierde geweckt wird.

Bevor jedoch die Fanpage wirklich funktioniert, muss die Fanpage Fans haben. Auch hier ergibt sich eine Dienstleistung, die in das Ressort von Internetagenturen fällt. Sie haben sofort drei Aufgaben zu bewältigen:

· Die Fanpage gestalten, dabei sind ein Titelbild und ein Banner unumgänglich! Weder das Titelbild noch das Banner sollten für ein Unternehmen „persönlich" sein! Es geht nicht um den Unternehmer sondern um Angebote und Mehrwerte.

· Fans bekommen – suchen Sie „Networkmanagement und Likes" als Stichwort in der FB Suche, melden Sie sich an und nun v erteilen Sie Likes an andere und werden im

Gegenzug auch geliked! Achtung! Sortieren Sie aus, Likes auf Kunstseiten passen fast immer, Likes für Erotikartikel schaden dem Firmenimage. Finanzgeschäfte und ein Tattoo-Shop passen nicht wirklich zusammen.

· Posten Sie täglich auf Ihrer Fanpage einen neuen Blog-Beitrag. Diese Beiträge stehen im Idealfall auf der Webseite des Kunden und nicht auf einem externen Blog. An Tagen, an denen Ihnen gar nichts einfällt, dürfen es auch mal nur Fotos mit einem guten Spruch sein! Tiere sind sehr beliebt.

Wenn Sie eine eigene Fanseite für Ihren Kunden gestalten, vergessen Sie nicht, dass Sie FB auch als Fanseite verwenden können. Dafür klicken Sie oben rechts in FB das Dreieck an. Dann geht eine Liste auf mit allen Fanseiten, die Sie besitzen, anklicken als was Sie FB verwenden wollen und schon posten und liken Sie als die Kunden-Fanseite.

Eine Fanseite aufbauen bedeutet im ersten Monat rund 1,5 bis 2 Stunden Arbeit täglich. Davon gehen 30 bis 60 Minuten für einen guten News-Beitrag weg.

Dann sollte man die ersten zwei Wochen nur die Fanseite liken lassen, nach zwei Wochen bittet man seine Networker um „gefällt mir" für Beiträge. Keine Sorge, ist der Content hochwertig, werden manche auch schon in den ersten zwei Wochen, das Eine oder Andere liken. Nach einem Monat hat man ungefähr 1 100 Fans. Ab dann muss man sich nur jeden zweiten Tag um seine Fanpage kümmern.

Nicht vergessen, immer „gegenliken", denn diese Netzwerkforen basieren auf **Geben und Nehmen!**

Von 0 Fans auf 1.100 „echten" Fans in einem Monat und mit 3 Stunden Arbeit pro Tag!

Pinterest und Instagram

Man könnte das Kapital auch „von Katzen und ihrem Werbenutzen" nennen. Das Ziel dieser Plattformen ist das Teilen von Bildern und Videos. Pinterest funktioniert wie eine Pinnwand, während Instagram mit einer Bildbearbeitung glänzt und deswegen besonders bei Smartphone-Nutzern beliebt ist.

Am ehesten lassen sich diese Dienste für Branding nutzen. Beide Dienste haben deutlich mehr weibliche Nutzer als männliche. Zudem sind beide Dienste auf sehr junges Publikum ausgerichtet. Wer eine neue Marke einführen möchte, kann Pinterest als Katalog verwenden. Bei einer Kampagne für ein Restaurant wäre Instagram eine Variante, die man ausprobieren könnte. Menüs von Kunden werden einfach per Smartphone abfotografiert und auf Instagram hoch geladen. Auch für Friseure, Kosmetiksalons und ähnliche Unternehmen kann es interessant sein, da über 65 Prozent der Nutzer weiblich sind.

Damit Branding mit diesen beiden Netzwerken funktioniert, muss man sich zu jedem Bild entsprechende Hashtags überlegen. Dies sollten

Hashtags sein, die ähnlich wie bei den Keywords, den Worten entsprechen, mit denen man das Unternehmen verknüpfen möchte.

Wer visuelle Marketingaktion für seinen Kunden starten möchte, für den sind diese zwei Netzwerke interessant.

Für Pinterest benötigt man zwingend entweder ein Twitter- oder ein Facebook-Konto. Sowohl Instagram als auch Pinterest kann man direkt mit Twitter und FB verbinden und seine Pins oder Fotos mit einem Klick twittern oder auf Facebook hochladen.

Allerdings, beide Dienste sind nur bedingt für Traffic und Google Resultate interessant.

Twitter, G+, Linkedin und XING

Diese vier Dienste kommen nicht von ungefähr gemeinsam daher. Alle vier Dienste funktionieren längst nicht so gut wie Facebook. Netzwerken über Twitter funktioniert über das Zusammenspiel von Netzwerkgruppen in anderen sozialen Netzwerken. Nur wer liest schon wirklich die ganzen Tweets?

Aber wenn schon Twittern, dann mit den richtigen Hashtags! Hashtags sind etwas ähnliches wie Keywords, nur ist dem Begriff immer ein #+Keyword ohne Leerzeichen vorangestellt. Welche Keywords von Google indiziert und unter News in ihrer Gesamtheit aufgeführt werden, sieht man rechts in seinem Twitterkonto.

Theoretisch könnte man also bei der Fußball WM in Brasilien einen Tweet posten mit dem Text: Preisausschreiben zur #WM http://www.... #Beratung #kostenlos

Ist der Hashtag #WM aktuell landet man tatsächlich im Google- und anderen Streams.

Bei G+ ist effektives Netzwerken grundsätzlich verboten. Man kann also nur sehr behutsam seine

„Freunde" vergrößern und wer etwas bei G+ stöbert, merkt schnell, dass dieses Netzwerk längst nicht so lebendig ist wie Facebook. Die Zeit, die man dort verschwendet, verwendet man effektiver bei FB.

XING, die Deutsche Businessplattform, war noch vor wenigen Jahren eine Alternative für diskrete Werbung mit deutlichem Mehrwert im Internet. Heute reicht ein Blick auf die Eingangsseite, mehr als Werbung wird praktisch nicht mehr gepostet. Gruppen, die einst sehr interessant waren sind einsam und verlassen, die einzigen Posts, die man noch findet sind Personalsuchanzeigen und Werbespam. Kurz gesagt, die XINGler von gestern findet man heute bei FB.
Über Linkedin kann man praktisch dasselbe formulieren, nur dass dort noch nie viel passiert ist.

Alle anderen Netzwerke erübrigen sich gänzlich.

YouTube

Filme sind beliebt und als Imagefilm können Sie für den einen oder anderen Kunden tatsächlich einen Mehrwert bilden.

Dabei sollte aber Wert auf Qualität gelegt werden. Egal ob Sie ganze Storys als Zeichentrickfilmchen erklären (zum Beispiel für Bauanleitungen) oder einen richtigen Film möchten. Sparen Sie nicht am Zeichner oder einer professionellen Kamera sowie einem ebensolchen Filmschnitt. Das „Do it yourself" sollte man seinen Kunden nur für das Familienarchiv empfehlen.

Wichtig sind die Tags beim hochladen bei YouTube! Also sorgfältig die Keywords auswählen! Selbstverständlich sollte man den Link großzügig via sozialer Netzwerke teilen. Direkt auf der Landing-Page des Kunden sollte man die Filme aber nicht einbinden. Sie sind leider Gift für eine gute Performance der Webseite.

Besser nur die Links mit einem Standbild einbinden und den Inhalt im Blog besprechen. Je öfter der Kunde Filme mit Mehrwert für seine Kunden erstellt, umso beliebter wird natürlich auch der entsprechende YouTube-Kanal.

Forum Romanum

Foren

Neben den sozialen Netzwerken gibt es noch immer ganz normale Foren. Viele dieser Foren sind zwar schlecht besucht, aber hier bestimmt das Thema oft die Aktivität.

Je nach Geschäftstätigkeit Ihrer Kunden sollten Sie Foren im Marketingplan mit einbeziehen. Foren sind eine langfristige Sache.

Man kann sich nicht einfach anmelden und gleich Schleichwerbung machen, aber man kann sich klug beteiligen. Warten Sie ab, bis eine Frage gestellt wird, die auf einer Landing-Page Ihres Kunden gestellt wird.

Oder erstellen Sie gezielt Blog-Beiträge, die eine im Forum gestellte Frage beantworten und setzen Sie den Link als Antwort auf die Frage.
Damit dies nicht als unerwünschter Spam verstanden wird, ist es von Vorteil, wenn niemand im Forum weiß, dass es einen Zusammenhang zwischen Ihnen als Marketer und dem Kunden gibt.
Auch Seiten wie gutefrage.net können gute Dienste leisten! Hier ist es von Vorteil zu wissen, worin der

Zusammenhang zwischen Internetsoftware und IP-Adresse besteht, damit das Medium optimal genutzt werden kann.

Selbstverständlich darf es keine reine Spamanfrage oder Antwort sein - der Mehrwert muss für die Leute ersichtlich sein, sonst schaden Sie Ihrem Kunden.

Blog schreiben

Als Mehrwert für Kunden und Auftraggeber Die ultimative Form der indirekten Werbung

Wichtig: Blog-Beiträge oder News gehören nicht auf eine einsame Seite! Sie sollten Bestandteil der Kundenwebseite sein. Gute Blog-Beiträge bilden einen Mehrwert für Kunden und sorgen durch die Verteilung über soziale Netzwerke für Traffic. Letzterer ist bekanntlich wichtig für die Position in den Suchergebnissen von Google.

Zudem zeugen Blog-Beiträge oder News von Aktualität! Ein ganz wichtiger Punkt bei Google 2014.

Dabei sollte die Seite auf der Landing-Page für den Blog so aufgebaut sein, dass man den Meta Titel, die URL-Endung (Slug) für den Beitrag, Meta Description und ein Snippet (Textteil, welches beim Teilen automatisch angezeigt wird) selbst schreiben kann und diese nicht automatisiert erstellt werden. Dies sorgt dafür, dass man die notwendigen Keywords einfügen kann. Automatisierte Vorgänge sind niemals so gut im Feintuning, wie ein Mensch.

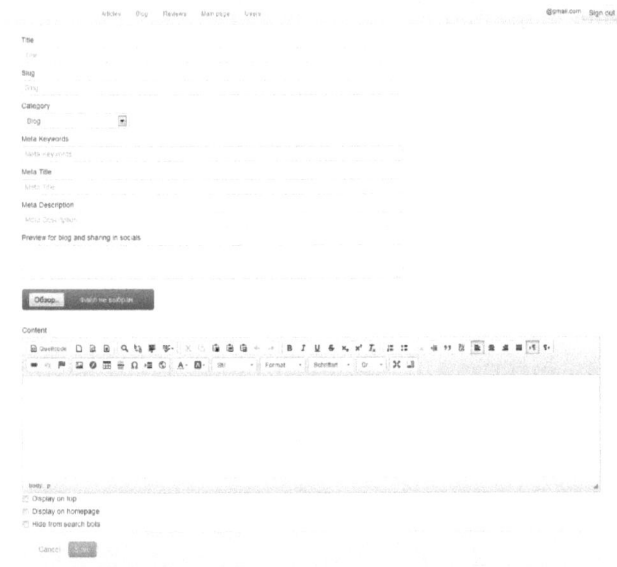

Ein ideales Bloginterface für einen Blog auf einer Webseite

Der Blog-Beitrag sollte das Datum der Veröffentlichung beinhalten, dies interessiert wiederum Google.

Sorgen Sie dafür, dass Blog-Beiträge immer einzelne Artikel bilden und nicht einfach als Waschzettel übereinander ohne Abgrenzung der Artikel daher kommen. Blog-Beiträge sollten auch kein endloses Scrolling bedeuten.

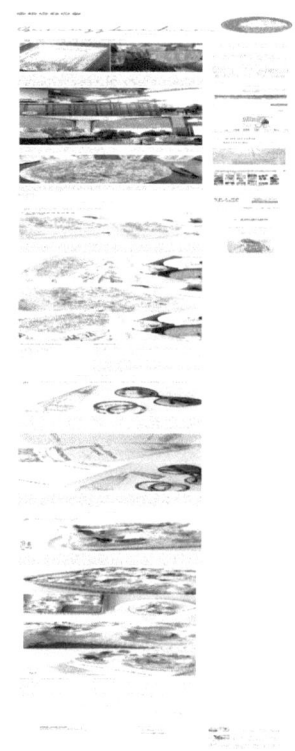

Dieser Beitrag wäre besser bei Instagram oder Pinterest aufgehoben:

http://www.genusskochen.com

Der Blog erinnert an einen Waschzettel und wirkt unübersichtlich. Zu viele Bilder und praktisch kein Text!

Bloggen ist vor allem Text, Bilder sollten sparsam eingesetzt werden. Die Anordnung ist unübersichtlich und man kann endlos zu den älteren Beiträgen hinab scrollen.

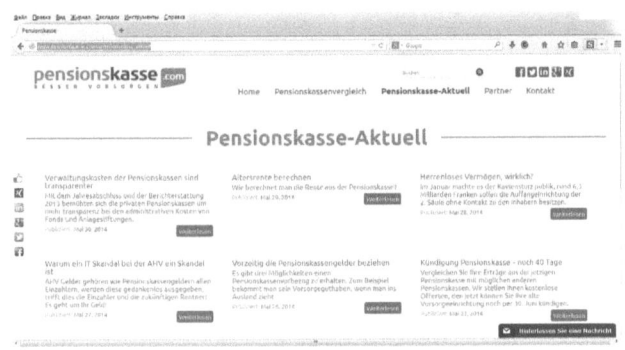

Übersichtlich und transparent sind die News-Beiträge dieses Unternehmens, dazu ideal auf der eigentlichen Firmenwebseite integriert
http://www.pensionskasse.com/pensionskasse-aktuell

Text schreiben

Selbstverständlich sind Blog-Beiträge nicht unabhängig, sondern im Interesse des Unternehmens.

In Blog-Beiträgen schreibt man keine News über seine Konkurrenz, weder positiv noch negativ. In Blogs schreibt man alles, was mit der Branche des Unternehmens zu tun hat und für Leser interessant ist.

Ein gut geführter Unternehmensblog hat mindestens 8 neue Beiträge pro Monat und wird über soziale Netzwerke geteilt!

Was man vermeiden sollte, sind Umleitungen auf blogspot.com, blog.de und Blog-Hoster ganz allgemein. Unternehmensnews und Blogs gehören immer auf die Unternehmensseite. Ihr Kunde braucht Traffic und Menschen, die sich für seine Branche interessieren.

Als das Bloggen aufkam, existierte die Idee, sich als Blogger sein Geld entweder als Affiliate zu verdienen oder durch das Schreiben von Berichten über Unternehmen im eigenen Blog. Diese Form des

Bloggens ist rund 10 Jahre alt und damit für das Internet uralt. Dieses Geschäftskonzept darf man ruhig für tot erklären.

Warum? Solche Blogs quellen über vor lauter Reklameartikeln, Affiliates haben viel zu viele Anbieter. Deswegen sind 40 Prozent der Surfer mit AdBlockern unterwegs und sehen die Affiliates gar nicht.

Längst interessiert Google sich nicht mehr nur für die Keywords und die Keword-Dichte, sondern für das ganze Drumherum. Google wertet den gesamten Text aus und versucht seine Relevanz zu ermitteln.

Niemand liest freiwillig Werbeschleudern. Denken Sie daran, Leser haben ein Anrecht auf Mehrwert, nur dann lesen sie wirklich und merken sich auch die Seite. Was sollen Sie für den Kunden bloggen? Alles was mit der Branche des Unternehmens zu tun hat! Bloggen Sie Gesetzesänderungen, unabhängige Testergebnisse, es darf auch mal etwas Philosophisches oder Politisches zum Thema sein, die Zusammenfassung von Berichten aus anderen Ländern, wissenschaftliche Forschungsansätze und und und....schauen Sie morgens zu den Kundenstichworten in die Google News.

Das Wichtigste zum Schluss: Nehmen Sie keinen Kunden, bei dem es um ein Produkt geht, das Ihnen nicht liegt!

Man kann nichts Positives über Produkte oder eine Branche schreiben, von der man selber nichts hält. Sie können nichts mit Kosmetik oder Mode anfangen? Dann nehmen Sie den Kunden nicht!

Newsletter

Solange es Internet gibt, so lange gibt es ihn schon – den Newsletter!

Newsletter sollen Kunden dazu animieren ihre E-Mailadresse zu geben und damit Direktmarketing ermöglichen. Dank einer Newsletterbox geht die Anmeldung einfach von statten und der Kunde muss nur seine E-Mailadresse eintragen.

Jeder Brief der ein Unternehmen verlässt ist immer auch Werbung, dies gilt selbstverständlich auch für den Newsletters!

Newslettter mit Mehrwert heißt das Stichwort!

Ein Newsletter, der sich als Ersatz für Briefkastenwerbung versteht, braucht kein Kunde der Welt! Wer möchte, dass man seine Newsletter liest, sollte sich vor allem um redaktionelle Inhalte Gedanken machen.

Der Newsletter sollte sorgfältig vorbereitet werden. Dabei gilt das Augenmerk der Grafik. Textfelder für die Beitragsübersicht können sich am Zeitungsformat orientieren. Nach Möglichkeit sollte ein Newsletter mehrere unterschiedliche Themen aufweisen und nicht nur Produkte bewerben. Bevor Sie sich jedoch dem Inhalt des Newsletters widmen können, sollten Sie Ihre Zielgruppe definieren. Ein Newsletter im B2B Bereich benötigt eventuell mehr juristische Aspekte, während im B2C Bereich Tipps rund um die Produkte und Ihre Anwendung im Vordergrund stehen können.

Je nach Branche können solche Texte neue gesetzliche Bestimmungen beinhalten, die dem Leser ausführlich erklärt werden. Anwendungsbeispiele und Tipps rund um Ihre Branche und Ihre Produktlösungen - aber auch ganz allgemeine News aus dem Umfeld Ihres Gewerbes.

Gibt es vielleicht Branchengrößen, die man interviewen könnte? Zögern Sie nicht, rufen Sie die Branchengröße an und bitten Sie um ein telefonisches oder schriftliches Interview.

Die meisten Leute werden gerne auf Ihre Anfrage eingehen, denn ein Interview in einem Newsletter ist auch für den Interviewpartner eine Werbung. Beinhaltet Ihre Branche Neuigkeiten aus Forschung und Wissenschaft? Werfen Sie einen Blick auf Internetausgaben wie Scientific American und ähnliche wissenschaftliche Publikationsplattformen. Besprechen Sie pro Newsletter nicht mehr als drei Themen. Diese drei Themen sollten absolut unterschiedliche Information bieten. Damit decken Sie möglichst breit die Interessen Ihrer Abonnenten ab.

Schreiben Sie keine Romane, verpacken Sie die News locker, verständlich und einfach formuliert. Achten Sie auf qualitativ hochwertige weiterführende Links.

Wenn Sie ein neues Produkt vorstellen wollen, tun Sie dies besser im Zusammenhang mit einem Gewinnspiel oder einem Einführungsrabatt für Ihre Newsletterleser.

Es darf auch einmal ein Preisausschreiben sein oder den Aufruf für einen neuen Werbeslogan – der glückliche Gewinner bekommt einen Rabatt oder ein Geschenk.

Wie wäre es mit Fotos der Kunden die das Produkt des Unternehmens in Händen halten.

Solche kreativen Lösungen lassen sich gut in sozialen Netzwerken vorstellen und teilen. Dafür bekommt

man neue Abonnenten für den Newsletter. Über-
treiben Sie es nicht mit dem Newsletter – maximal
ein Newsletter pro Monat, besser nur alle zwei
Monate. Legen Sie Wert auf Qualität!

Usability

Unter Usability versteht man die Benutzerfreund-
lichkeit von Produkten (ISO 9241-11). Die Usability
von Webseiten lässt sich messen - in Traffic und
Kunden. Eine mangelhafte Interaktion zwischen
Besuchern und der Webseite führt zu verunsicherten
Kunden.

Das gleiche gilt auch für alle anderen Aktionen rund
um das Internetmarketing. Fanpages bei Facebook
erzeugen Statistiken, die sowohl auf der FB Seite für
Redakteure einsehbar sind, als auch in
Googleanalytics zu finden sind.

Egal wo, sorgen Sie immer für eine gute Usability!

Die Folgen schlechter Usability sind:

· Inhalte und Informationen werden nicht
gefunden
· Newsletter werden nicht gelesen
· Blogbeiträge werden nicht gelesen
· Fanseiten werden nicht geteilt
· Kunden bestellen nicht

Eine gute Usability auf einer Webseite führt immer zu mehr Interesse und damit auch zu höheren Umsätzen. Deswegen gilt, ein Newsletter muss einfach zu bestellen sein. Damit steigt auch die Nachfrage deutlich.

Ab auf die Insel

Nun haben Sie ein aktuelles Rüstzeug, um auf einer Palme zu sitzen und die Butter auf das Brot zu verdienen. Kunden finden Sie direkt im Netz, egal ob über Freelancer-Portale, Textbörsen oder durch Zusammenarbeit mit Programmierern. Letzteres ist als Synergieeffekt der einfachste Weg, um langfristige Kundenaufträge zu bekommen. Schreiben Sie Firmen direkt an, wenn Sie den Eindruck haben, deren Webauftritt lässt sich stark verbessern.

Seien Sie flexibel bei den Preisen. Machen Sie auch mal eine Aktion, zum Beispiel kostenlos Webseiten analysieren oder Keyword-Listen erstellen!

Sorgen Sie für Ihren eigenen Internetauftritt. Dieser Auftritt sollte Ihre Visitenkarten sein. Bauen Sie sich eine Fanseite bei Facebook auf, diese kann gleich als Beispiel für Ihre zukünftigen Kunden dienen. Nehmen Sie sich Zeit für die eigene SEO und eine gute Sichtbarkeit bei Google! Denken Sie daran: Internetagenturen gibt es viele - überzeugen Sie durch Fachwissen und Professionalität.
Suchen Sie sich andere Freelancer als Zubringer, man kann unmöglich alles. Liegt Ihnen das Arbeiten mit

Bildern nicht? Lassen Sie es, suchen Sie sich jemanden für die Bildbearbeitung. Sind Texte nicht Ihre Stärke? Suchen Sie Ghostwriter. Schreiben Sie gute Texte, wissen aber genau, dass sie Fehler beinhalten können? Arbeiten Sie mit einem Korrektor zusammen.

Bleiben Sie am Ball. Das Internet erfindet sich immer wieder neu. Mitte 2000 wäre Second Life für Unternehmen eine Option gewesen, Blogs waren Werbeschleudern, Keyword-Schlangen noch ein Muss und AdBlocker hatten nur Profis. Lesen Sie monatlich SEO Blogs und Fachzeitschriften im Internet. Bleiben Sie auf dem Laufenden – denn damit verdienen Sie Ihr Brot!

Glossar Internetmarketing

Abbruchrate Bezeichnet Besucher die bei einem aktiven Prozess abbrechen, zum Beispiel bei einer Bestellung.

Absprungrate Wie viele Besucher nach einer Seite weg klicken.

Ad Click Zählt die Menge von Klicks auf einen Link oder einen Banner.

Ad Click Rate Verhältnis von Ad-Clicks zu Ad-Impressions also wie oft eine Werbung für wie viele Klicks gezeigt wird.

Adsense Werbeanzeigen von Google. Adsense-Anzeigen befinden sich auf Webseiten.

AIDA Werbeformel für A. attention Aufmerksamkeit erregen I. interest Interesse wecken D.desire Wünsche erzeugen und A . action Handlung auslösen

Ankertext Ist der sichtbare Teil eines Links innerhalb eines Textes. Im Idealfall sollte der

Ankertext ein passendes Suchwort enthalten. Ankertexte die auf einen Link führen der nichts mit dem Inhalt des Textes zu tun haben gelten als sog. Black Head SEO und werden von Google durch Verbannung der Webseite abgestraft.

B2B Business too Business. Abkürzung für Anwendungen von Unternehmen mit Unternehmen.

B2C Business too Client. Unternehmen mit Endabnehmer.

Backend Webprogramme die im Hintergrund laufen. Das CMS als Beispiel.

Backlink Backlinks sind alle Links, die von außerhalb auf eine bestimmte Website verweisen. Wichtig ist dabei, inwiefern die verlinkenden Seiten in einem thematischen Zusammenhang mit dem eigenen Angebot stehen und inwiefern die verlinkte Seite selber relevant sind.

Bad Neighbourhood Damit werden Verlinkungen auf Seiten bezeichnet, die selber bei Suchmaschinen negativ aufgefallen sind. Webseiten, die auf Spamseiten oder Linkfarmen verlinken werden selber abgestraft, auch wenn man sich nichts Böses dabei gedacht hat.

Broken Link Englischer Begriff für einen toten Link, also ein Link der ins Leere führt. Alle paar Monate sollte man seine Links auf solche toten Links überprüfen und sie entfernen.

Click-Popularität Je mehr Klicks eine Seite hat, um so populärer ist sie. Das Ziel von Internetmarketing ist es, diese Popularität laufend zu erhöhen.

Cloaking Als Cloaking wird das Ausnutzen von Schwachstellen der Crawler bezeichnet. Für sie werden extra optimierte Webseiten geliefert, die mit funktionalem Text ausgestattet sind und nichts mit dem Inhalt gemein haben, den normale Webseitenbesucher sehen.

Möglich macht es die Tatsache das Nutzer an den Browsern zu erkennen sind. Für Cloaking wird man von den Suchmaschinen verbannt!

CMS Content Management System - der Ort wo ohne Programmierkenntnisse Inhalte erstellt werden.

Content Der Inhalt einer Webseite

Content Grabbing Das übernehmen von Inhalten fremder Webseiten. Wird von Google erkannt und abgestraft.

Content Management Das pflegen digitaler Inhalte von Webseiten.

Contentanbieter Lieferanten für Inhalte von Webseiten.

Conversion bedeutet, der Besucher einer Webseite führt ein gewünschtes Ziel durch. Kauft etwas, abonniert einen Newsletter usw.

Conversionsrate Das Verhältnis von Besucherzahl

und Besuchern die ein gewünschtes Ziel erledigen, also etwas kaufen usw.

Conversion Rate Optimization (CRO)
Optimierung der Conversionsrate.

CPA (cost per action) Kosten für eine bestimmte Conversion.

Cost per Click (CPC) Kosten pro Klick

CPL (Cost per Lead) Kosten für eine Kontaktanfrage.

Cost per sale (CPS) Die durchschnittlichen Kosten des Onlinemarketings im Verhältnis zu einem Verkauf

Cross Linking Querverlinkungen von Internetseiten untereinander.

Crossmedia-Strategie Die Vernetzung einzelner Medien untereinander.

Crawler oder Robots, sind Programme von Suchmaschinen die das Netz durchsuchen.

CSS Layouteigenschaften von HTML-Dokumenten. Das Style sheet (Layouteigenschaft) wird in einer separaten css-Datei festgehalten.

CSS3 - Cascading Style Sheets 3 vergrößert die Möglichkeiten des CSS und ermöglicht es die Optik zu verändern.

Dateinamen sind heute wichtig für die Suchmaschinenoptimierung.

Deepbot - Deep Crawl Googlerobot der im Abstand von mehreren Wochen immer alle Seiten einer Webseite durchsucht.
Wichtig für das Ranking.

Deep Link Ein Deep Link ist eine Verlinkung auf eine Unterseite einer Webseite! Ein ganz wichtiger Aspekt, warum man einen Blog auf einer Webseite integrieren sollte und nicht außerhalb.
Verlinkt man nun Blogbeiträge in sozialen Netzwerken und in Foren, erzeugt man immer einen Deep Link.

Deranking Wird von Suchmaschinen bei unlauteren Methoden angewendet.

Directory Webverzeichnis, wobei es Verzeichnisse in sehr unterschiedlicher Qualität gibt. Manche Verzeichnisse werden auch von Google nicht akzeptiert.

Duplicate Content Darunter versteht man das Erzeugen von doppelten Inhalten. Die meisten Menschen erzeugen es unabsichtlich, in dem mehrere URL auf den gleichen Inhalt verweisen. Kann auf keinen Fall empfohlen werden.
Google-Algorithmen entdecken solche Inhalte und bestrafen alle URL mit einer schlechteren Wertung, da manche SEO Spezialisten diese Funktion früher für eine größere Relevanz von Resultaten verwendeten.

Domainalter Gehört zu den Faktoren die Google bewertet, je länger die Seite existiert und gepflegt wird, um so besser für das Ranking.

e-CRM (Customer Relationship Management)
Kundendialog mit Hilfe des Internets.

E-Mail Marketing Kunden durch E-Mails
gewinnen, kann schnell in Spam enden.
Soziale Netzwerke sind heute zielführen-
der.

Eintrag Suchmaschine Man sollte seine neuen
Webseiten von Hand eintragen, sonst
kann es lange dauern bis eine Suchmaschine die neue Seite bemerkt.

ESEO - editorial search engine optimization
redaktionelle Suchmaschinenoptimierung
auch als On-Page optimierung geläufig.

Everflux Effect Ein Googlephänomen, neue Seiteninhalte werden schnell gefunden, sind
aber auch schnell wieder weg. Die
Ursache sind zwei unterschiedliche Robot-
erprogramme von Google selber. Der
Freshbot indiziert nicht dauerhaft, dafür
muss der Deepbot vorbeikommen. Erst
dieser Robot indiziert Unterseiten
dauerhaft.

Externer Link ist ein Link von Ihrer Seite auf eine andere Seite. Dabei ist die Qualität des Links wichtig und wird von Google bewertet. Sollte man strategisch einsetzen!

Facebook Ads Ein Begriff für Facebookwerbung! Sollte nur für Werbung mit externer Landingpage angewendet werden und niemals für Fanpages. Kurz gesagt, der Klick sollte auf die eigene Webseite verweisen.

Facebook Marketing ist eine Form von Social Media Marketing.

Footer-Links sind Links die im Fuß einer Webseite stehen.

Freshness Bezeichnet die Aktualität einer Webseite.

Frames Webseiten niemals mit Frames aufbauen! Apple war früher ein leidenschaftlicher Verfechter solcher Webseiten. Alles wird in Rahmen abgelegt und die Seiten können von Suchmaschinen nicht richtig gelesen werden.

Gekaufter Link Ist ein Link der gekauft wurde. Es gibt Firmen die sich auf solche Dienstleistungen spezialisiert haben. Allerdings, Google versucht dies mittlerweile zu unterbinden. Gute Handarbeit lässt Sie auf der sicheren Seite bleiben.

Google Adwords Werbeprogramm

Google-Algorithmen Die Algorithmen die Robots von Google verwendet um Webseiten entsprechend für Resultate herauszugeben.

Google Analytics Messinstrument für Webseiteninhaber und Marketer

Google Developer Für Webseitenentwickler um die Performance der Webseite sauber zu programmieren.

Google Places Branchenverzeichnis bei Google.

Google Snippets sind Textausschnitte die im

Ergebnis bei der Suche eingeblendet werden.

Google Spam Rating Guide Dort wo man niemals auftauchen sollte.

Guerilla-Marketing ungewöhnliche und sparsame Aktionen im Internetmarketing! Man kann viel damit erreichen.

Hashtag wird für Suchworte bei Kurznachrichten verwendet. Sowohl Twitter als auch Google+ verwendet dieses Zeichen # . Wird es ohne Leerzeichen vor ein Wort in einem Tweet, gesetzt hat man das Wort in ein Hashtag umgewandelt.
Dadurch wird die Suche nach Begriffen erleichtert. Ein Vorteil: Die eigenen Tweets sind nicht nur für die eigenen Follower sichtbar. Auf Such-Seiten kann man sich chronologisch Tweets anzeigen lassen, in denen das Hashtag vorkommt.

Hidden Text ist versteckter Text der für Suchmaschinen gemacht wird.

Hompagepflege ist ein Muss - insbesondere für Shopbesitzer und Dienstleister.

Hubs Knotenwebseiten, eine Seite und von dieser Seite führen jede Menge Links auf andere Seiten. Dazu gehören auch Suchmaschinen.

Indizierte Webseiten Webseiten, die im Index einer Suchmaschine verzeichnet sind und daher bei Suchanfragen gefunden werden. Je mehr eigene Seiten man sauber indiziert um so besser! Durch das Einrichten einer XML-Sitemap wird der Suchmaschine das Crawlen der Website erleichtert. Dies ist eine der Möglichkeiten, die Anzahl der indizierten Webseiten zu erhöhen.

Internet Branding ist die Entwicklung einer Marke im Internet.

Internetauftritt ist die gesamte Darstellung eines Unternehmens im Internet.

Intros Die Plage aus Flash. Sind die komischen

Wartebilder während die Seite lädt, kommen aber zum Glück aus der Mode.

JavaScript ist eine Programmiersprache, mit der HTML um dynamische Funktionen erweitert wird. Zum Beispiel Browserfenster, die sich bei vergrößerter Bildansicht öffnen oder aufspringende Pop-ups.
Javascript über den Browser ausgeführt.
Suchmaschinen können JavaScript nur schwer interpretieren. Besser bei der Navigation auf JavaScript verzichten, da die Inhalte nicht ausgewertet werden.

Keywords Zu Deutsch Schlüsselwörter, Wörter die wichtig für eine Webseite oder einen Text wichtig sind.

Keyword-Analyse ist die Suche nach den besten Keywords für eine Webseite und daraus resultierend ihre konsequente Anwendung.

Keyworddichte Die Keyworddichte beschreibt, wie häufig ein Schlüsselwort im Text einer

Seite im Verhältnis zur Gesamtzahl der Wörter vorkommt. Der neue Google-Algorithmus wertet allerdings mittlerweile den gesamten Text aus. Es wird nun Wert auf Relevanz gelegt, was die Keyworddichte etwas unwichtiger macht.

Keyword Frequency ist die Worthäufigkeit eines Schlüsselwortes in einem Text. Sorgt seit dem neuen Google Algorithmus Hummingbird aber nicht mehr für Furore. Heute ist der Gesamttext wichtig.

Keyword-Stuffing ist ein Verfahren, der Suchmaschine durch häufiges Wiederholen von Schlüsselwörtern zu suggerieren, dass das Angebot relevant für diesen Begriff sei. Stimmt die Umgebung des Textes nicht mit dem Schlüsselwort überein, wird es einfach als Spam bewertet und gehört zu den unsauberen Methoden.

Killer-Applikation Eine Internetseite oder Internetgeschäftsidee die alle Bewerber abhängt. Dazu gehört Facebook, Google usw.

Klickbot   So lautet die Bezeichnung, wenn Konkurrenten mit Absicht auf AdWordReklame
klicken um Kosten zu verursachen.

Landingpage Die Seite die bei einem Klick auf
einen Link aufgehen soll.

Linkaufbau Das Aufbauen von Links durch andere
Seiten auf die eigene Webseite. Wichtig!
Keine Linkfarmen verwenden. Auf das
Ranking dieser Seiten achten!

Linkbait   ist ein Linkköder, der im Rahmen des
Online-Marketings für Aufmerksamkeit
sorgen soll und in der Folge Backlinks
einspielen muss. Funktioniert nur mit
Dingen die großen Mehrwert
versprechen.

Linkpopularität ist Empfehlungsmarketing im Internet.
Wer meinen Link weiter gibt der empfiehlt
mich. Dies hat Auswirkungen auf die
Suchmaschinen.

Linkliste   ist eine Seite von einer Webseite mit
persönlichen   Empfehlungen   anderer

Seiten durch Verlinkung.

Linktext Der anklickbare Text eines Links, der auf eine andere Seite verweist. Der Text sollte mit Bedacht ausgewählt werden und kann Suchbegriffe beinhalten. Der Linktext sollte unbedingt etwas über das Ziel des Links aussagen.

Live-Suche Die neuste Googleform der Suche. Schon während man Tippt versucht Google zu erraten, was man sucht und gibt Resultate heraus.

Logfile oder Protokolldatei gibt Auskunft darüber wer, wann, wie lange und mit welchem Browser auf der Webseite war. Dieses Logfile ist zur Überprüfung der Performance von Marketingaktivitäten wichtig!

Long Tail gering nachgefragte Schlüsselwörter die dennoch ab und an gesucht werden. Damit haben auch Nischenprodukte eine Chance im Internet gefunden zu werden.

Merchant sind Händler für das Affiliate-Marketing. Also Inhaber von Seiten wo man seine Banner usw. gegen Entgelt platzieren kann.

MetaGer MetaSuchmaschine über deutschsprachige Suchmaschinen. Liefert sehr gute Ergebnisse.

Meta-Tags sind Informationen im Kopfbereich eines HTML-Dokuments, die für den normalen Nutzer nicht sichtbar sind. Diese Meta Tags sind für Suchmaschinen wichtig.

Meta Description Ist eine Beschreibung die am Besten für jede einzelne Seite vorhanden sein sollte. Sie sollte nicht länger als 140 Buchstaben sein. Die Suchmaschinen werten den Meta-Tag „Description" aus und zeigen die dort hinterlegten Informationen im Suchergebnis.

Meta Titel wird ebenfalls von Suchmaschinen angezeigt, sofern die Seiten indiziert sind.

Metrik   Kennzahl zur Nutzung einer Webseite.

Microseiten sind Seiten die für Dritte auf bestimmte relevante Seiten aufgeschaltet werden und nichts mit der Landingpage des Werbekunden zu tun haben, bis auf die Verlinkungen.

Mininets Viele Webseiten liegen auf der gleichen IP-Adresse. Dies ist nicht schlimm, solange man diese Seiten nicht gegenseitig vernetzt! Hat Auswirkungen bei Google.

News Factor oder einfach Aktualität, ist für Webseiten sehr wichtig! Niemand kauft die Zeitung von gestern. Um so wichtiger, dass man Seiten regelmäßig mit Neuigkeiten füttert.

Newsletter am Besten mit Mehrwert, sollte sich jedes Unternehmen gönnen.

Non Stop-Submission ist das permanente Anmelden einer Webseite bei Suchmaschinen. Auch wenn es Unternehmen gibt die diese Leistung bewerben, man sollte es nicht tun - es kann von Suchmaschinen als Spam bewertet werden.

Off-Page-Optimierung Bezeichnung für seitenexterne Optimierung, eines der wichtigsten Punkte für die Suchmaschinenoptimierung.

Offline-PR Eine Internetseite außerhalb vom Internet bekannt machen. Dazu gehören, Flayer mit Internetadresse, Visitenkarte und ähnliche Maßnahmen.

On the Page Faktor Substanz einer Webseite. Also Relevanz des Inhalts einer Webseite, Besucherzahlen, Links usw.

On-Page-Optimierung Seiteninterne Optimierung, ohne diesen Punkt funktioniert die Suchmaschinenoptimierung nicht langfristig.

Opt-out Das Abbestellen eines Newsletters durch Austragen aus der Versandliste. Nach dem Gesetz gegen unlauteren Wettbewerb muss der Versender stets eine gültige Adresse angeben, unter der der Empfänger sich aus der Liste austragen kann (unsubscribe). Dieser Link sollte am Ende des Newsletters, gut sichtbar stehen.

Organische Treffer sind die natürlichen Suchergebnisse bei einer Suchmaschine. Wünschenswert ist dabei immer ein Platz unter den ersten 10 Treffern.

Organische Verlinkung bedeutet, jemand findet die Seite und er verlinkt sie, weil sie ihm gefällt. Allerdings gehört auch die Proaktiv Verlinkung dazu, also durch anschreiben von passenden Blogs usw. und einer Gegenverlinkung.

Orphaned Pages verwaiste Seiten auf die keine Links mehr Hinweisen. Eine Sidemap kann Abhilfe schaffen.

Outbound Link ist ein Link der von einer Webseite ausgeht.

PageRank ist ein von Google erfundenes und

patentiertes System zur Einstufung von Webseiten auf einer Skala von 0-10. Der PageRank wird aus den eingehenden Links und deren Ranking berechnet.
Der PageRank hatte früher eine stärkere Bedeutung. Der Aktualisierungsrhythmus liegt bei über drei Monaten, was die Aussagekraft bei sehr aktiven Seiten abschwächt.

Parser ist ein kleines Computerprogramm was zum auslesen von Text auf Webseiten verwendet werden kann. Wird vor allem gerne zum Auslesen von Adressen für Direktmarketing verwendet.

Peergruppe formulierte Gruppe gleichartiger, auch Zielgruppe genannt.

Performance Marketing Marketing zur Kundengewinnung und Kundenerhaltung.

Permission Marketing Werbung mit Erlaubnis des Kunden. Newsletter gehören dazu.

Positionierung-Positioning ist der Suchmaschinentreffer anhand der Mitbewerber beim gleichen Keyword.

Quelltext ist der Programmcode einer Webseite.

Ranking Die Rangfolge von Webseiten innerhalb eines Suchergebnisses.

Rechtschreibfehler auf Internetseiten können auch gewollt sein. Gerade übliche falsche Schreibweisen kann man bewusst in Texten für Google verwenden.

Redirect ist die Umleitung mehreren URL auf eine Einzige. Ist besser zu Unterlassen, da dies von Suchmaschinen gerne abgestraft wird.

Reputation Je höher die Reputation einer Webseite bei den Suchmaschinen ist, um so besser für das eigene Ranking, wenn man einen Backlink bekommt.

Robots werden auch Crawler oder Spider genannt und sind spezielle Programme von Suchmaschinendiensten, die automatisiert das Internet durchstreifen und Website-Informationen sammeln.

robots.txt ist eine Datei, die speziell für die Suchmaschinen hinterlegt wird. Sie enthält Informationen für die Suchagenten, bestimmte Seiten nicht zu indexieren.

Seitentitel Jede Seite einer Webseite sollte einen eigenen Seitentitel haben. Gehört zu den Meta Tags, Meta Titel Sorgfältig aussuchen, da dieser Teil zu den Suchresultaten gehört und die erste Zeile ist, die von Suchmaschinen herausgegeben werden.

SEO Search Engine Optimziation ist der professionelle Begriff für Suchmaschinenoptimierung

SEM Search Engine Marketing ist die englischsprachige Bezeichnung für Suchmaschinenmarketing.

SERPS oder Search Engine Ranking Positions bezeichnet die Position die eine Webseite bei einer Keywordabfrage einnimmt. Je nach Keyword kann diese Position unterschiedlich ausfallen.

Social Signals Sind Shares und Likes (also teilen und gefällt mir) auf sozialen Netzwerken gezählt. Diese sorgen im Idealfall für social Traffic auf der Landingpage. Die Social Signals, gehören zu den neueren Ranking-Faktoren von Googel.

Social Traffic Webseitenbesucher die über Links in sozialen Netzwerken auf die Landingpage kommen.

Sitemap ist ein Inhaltsverzeichnis oder eine Inhaltsübersicht einer Website in xml. Wird extra für Suchmaschinen hergestellt.

Snippet Textausschnitt, der in den Suchergebnissen angezeigt wird. Der beschreibende Text stammt aus dem Meta-Tag "description". Die gesuchten Schlüsselwörter müssen im Snippet stehen und der Inhalt der Seite muss mit diesen Schlüsselwörtern übereinstimmen.

Sprechende URL Ist eine aussagekräftig URL die den Inhalt der entsprechenden Seite in der URL hat. URL die den Zweck der Seite nicht in der URL haben, erschweren den Suchmaschinen die richtige Einteilung und damit auch eine gute Position bei den Suchmaschinenresultaten.

Suchmaschinenoptimierung umfasst Maßnahmen mit dem Ziel, die Position einer Webseite in den Suchmaschinen zu verbessern.

Suchmaschinenmarketing Werbung auf Grund von Schlüsselwörtern auf Suchergebnisseiten.

Textoptimierung Damit die Suchmaschinen die Relevanz einer Webseite optimal umsetzen, müssen Texte auf Internetseiten immer Keywordrelevant sein. Dabei sollte man die Lesbarkeit für Nutzer nicht ignorieren.

Traffic Wie viele Menschen besuchen die Webseite täglich! Wird mittlerweile von Google gewertet.

Usability Benutzbarkeit und Bedienfreundlichkeit eines Internetangebots.

User-Agent Kennung eines Programms, das sich bei seiner Anfrage an einen Server durch einen bestimmten Namen ausweist. Der Crawler von Google gibt sich als Googlebot zu erkennen, der Crawler von Yahoo als Yahoo Slurp.

Visibility Wie eine bestimmte Webseiten in Suchmaschinen vertreten ist.

Webdramaturgie Inszenierung der Seiteninhalte einer Webseite, so dass der Betrachter animiert wird eine bestimmte Handlung auszuführen.

Wettbewerbsanalyse Wie im realen Leben, sollte man seine Konkurrenten analysieren.

XML-Sitemap Im Zusammenhang mit der Suchmaschinenoptimierung sehr zu empfehlen, eine sogenannte XML-Sitemaps erstellen und diese in der Root-URL hinterlegen.

Zipfsche Gesetz Dies ist ein Gesetz für Linguisten und bedeutet: Es gibt einen Zusammenhang zwischen der Häufigkeit eines Wortes in einem Text und dessen Bedeutung. Es gibt jedoch Worte die Häufig vorkommen und keinerlei wirkliche Bedeutung haben. Zum B e i s p i e l Artikel und das Wort und, Suchmaschinen müssen diesem Umstand Rechnung tragen. Textoptimierer dürfen dies auch nicht vergessen, den kommt ein Wort zu oft innerhalb eines Textes vor, kann dies von der Suchmaschine als „nicht relevant" eingestuft werden.

Zugriffsstatistik Logfiles für die Zugriffe auf eine Website.

Linkliste

Social Media Überwachung

http://www.socialmention.com/

http://socialyser.de/

News Überwachung

http://addictomatic.com/

Hashtag Link Tweetliste

www.hashtags.org

http://twubs.com/

http://www.tagal.us/

http://tagdef.com/

http://trendsmap.com/

robot.txt

Übergeordnete Seite mit allen Informationen zu Robots

   http://www.robotstxt.org/

Google-Tipps für das Ausschließen einzelner Seiten

   http://www.google.de/intl/de/remove.html

Generator für robots.text

www.webmaster-elite.de/online-tools/robotstxt.html

Sitemaps

https://support.google.com/webmasters/answer/156184?rd=1

Google Autorship

   https://plus.google.com/authorship

Linkchecker

Broken Link Checker

  http://www.iwebtool.com/broken_link_checker

Der Link Checker des W3C für Links und Anker auf Webseiten

    http://validator.w3.org/checklink/

    http://www.backlinktest.com

Suchmaschinenoptimierung

Google Richtlinien für Webmaster

  http://www.google.com/support/webmasters/

Software mit einer kostenlosen Edition für Heimanwender

    http://www.hello-engines.de

SEO Tools online

Analysiert die Keywortdichte von Webseiten

http://www.diagnoseo.de/

Backlinktester

http://www.seokicks.de/

SEORCH Google Keywordmonitor

http://www.seorch.de/

Seorch Scanner

http://www.seorch.de/bigcrawl/babycrawler.html

Longtail Keywords.

http://www.seorch.de/html/google-suggest-checker.html

Google-Keyword-Planer

https://adwords.google.de/KeywordPlanner

Google SERP Snippet Tool

http://www.seorch.de/html/snippet-optimization-tool.html

Suchmaschinenpositionen

http://www.ranking-spy.com/ranking/

SEO und Webseitenanalyse

http://www.seitenreport.de/

Google Pagespeed

https://developers.google.com/speed/pagespeed/?hl=de-DE

Google Webmaster-Tools

https://www.google.com/webmasters/tools/?hl=de

Seolytics kann für eine Seite kostenlos genutzt werden

http://www.seolytics.de/

SEO Analyse

> http://www.seobility.net/de/

SEO Spider Tool

> http://www.screamingfrog.co.uk/seo-spider/

und

> http://www.whatsmyserp.com/serpcheck.php

Keyworddatenbanken

Keyword eingeben und nachsehen was wirklich gesucht wird! Nur für das deutschsprachige Internet.

http://www.ranking-check.de/tipps-tools/seo-tools/keyword-datenbank/

Ähnliche Keywords finden:

> https://metager.de/asso.html

Texttools

Ersetzen keinen Lektor, erleichtern aber die Arbeit.

http://rechtschreibpruefung24.de/

http://www.duden.de/rechtschreibpruefung-online

Prüft die Keywords in Texten

http://wortliga.de/textanalyse/

Textanalyse

https://www.schreiblabor.com/textlabor/statistic/

Stichwort SEO Jobs

SEO Jobs

http://www.seojobboerse.de/

https://plus.google.com/authorship

Interessante Blogs

Twitter und Marketing

http://www.seifert-transport.de/
twitter_im_marketingmix.pdf Autorin: Petra Seifert

Blog über Facebooksünden und mehr

http://www.christagoede.de/todsuenden-auf-
facebook/

Links zu Internetnews

http://tarnkappe.info/

http://www.heise.de/

Link zum Thema Texte

http://www.webwriting-magazin.de/guter-stil-klare-
sprache-20-handwerkstipps-fuer-einsteiger/

Webseite des Autors

http://www.wos-marketing.de

Webseite des Lektors

http://www.daufenbach.eu

Quellen

Foto S. 48 A. Damm pixelio.de

Foto S. 58 R. Sturm pixelio.de

und Bildmaterial von clipdealer.de

Alle anderen verwendeten Material, wie Screenshots sind deutlich gekennzeichnet und lediglich als Beispiel gedacht.

Vorankündigung

Von Thomas Wos

„Alles über Internetshops"

ab ende Oktober überall im
Buchhandel!

FSC
www.fsc.org
MIX
Papier | Fördert
gute Waldnutzung
FSC® C083411

Zeitfracht Medien GmbH
Ferdinand-Jühlke-Straße 7
99095 Erfurt, Deutschland
produktsicherheit@kolibri360.de